Anweisung

für

Vorturner

und

angehende Turnlehrer

zur

zweckmäßigen Leitung der Übungen

von

E. W. B. Eiselen.

Berlin,
Druck und Verlag von G. Reimer.
1844.

Der folgende Aufsatz ist der nur besonders abgedruckte zweite Abschnitt aus der gleichzeitig bei demselben Verleger erscheinenden Schrift „Über Anlegung von Turnplätzen und Leitung von Turnübungen," woraus sich manche Beziehungen in demselben erklären werden.

Der Verfasser.

Der neuen Auflage der Turnkunst muß vorbehalten bleiben, was den geistigen Standpunkt eines tüchtigen Turnlehrers, den lebendigen Betrieb der Sache, das rechte Maaß zwischen strenger Turnübung und Turnspiel, Turnschule und Turnkür betrifft. In dieser kleinen Schrift handelt es sich zunächst allein um die Eintheilung und Ausführung der Turnthätigkeit selbst.

1. Turnzeit und ihre Eintheilung.

Zum Turnen sollten billig die beiden schulfreien Nachmittage (Mittwoch und Sonnabend) ganz verwendet werden *); da aber das Turnen gleich nach Tische nachtheilig ist, so wählt man für einen öffentlichen Turnplatz am besten die Stunden von 4, und bei großer Hitze von 5 Uhr an zur eigentlichen Übungszeit oder Turnschule, ohne Knaben, welche der Eifer früher hinaustreibt, die freie Übung abschneiden zu wollen (welche jedoch immer beaufsichtigt werden muß); und auch in

---

*) K. Pr. Ministerialverfügung vom 7. Febr. d. J.

dieser Hinsicht empfiehlt sich eine nicht zu nahe Lage der Turnplätze, indem Knaben in der Regel ohne Nachtheil auch in den früheren Nachmittagsstunden turnen können, wenn sie nach der (weder späten noch langen noch vornehmen) Mahlzeit einen Weg oder eine Rast von einer halben Stunde gemacht haben. Wohl dem Knaben, welcher außer jenen vollen Turntagen, auch täglich noch wenigstens eine Stunde lang (das ist nicht viel verlangt, gegenüber der den geistigen Übungen und Arbeiten zugewiesenen Tageszeit!) seinen Leib ermüden, seine Lust auslaßen kann; Erziehungshäuser aber und andere geschloßene Anstalten, wo nur einzelne Turn-Stunden täglich in den Lehrplan eingefugt sind, müßen, wenn sie ihre Kinder nicht auf einen öffentlichen Turnplatz schicken können, dieselben zum Mindesten zwei Mal in der Woche zu größeren Gängen und Spielen ins Freie, in die Weite schicken, so wie in den Ferien größere Fußreisen oder Turnfahrten (die Quelle zugleich für wahre natur-, land-, und erdkundliche Anschauung) unternehmen laßen. Einzelne tägliche Turnstunden allein können nur Sinn haben für Kinder, die noch wenig Anstrengung ertragen und vorbereitet werden müßen (obschon auch diesen der Genuß der freien Luft, der frischen Haide, des Waldes nicht entzogen oder vorenthalten werden darf), so wie für Erwachsene, die durch Berufsgeschäfte verhindert dem Turnen nur wenige engbemeßene Zeit widmen können, wiewohl auch auf diese die größere jugendliche, rein heitere Genoßenschaft oder Gesellschaft wohlthätig und erquickend wirken würde.

Die ganze Turnzeit eines Turnplatzes wird in zwei ziemlich gleiche Hälften getheilt: die eine ist der vorgezeichneten Turnschule bestimmt, die andere der freiwilligen Beschäftigung vorbehalten und wird daher die Turnkür genannt.

Je nach örtlichen Verhältnissen rc. läßt man diese oder jene die Tagesordnung beginnen. Läßt man die Turnschule vorausgehen, so ruft zunächst ein überall hörbares Tonzeug (Klapper, Glocke rc.) die Turner auf den Tie zusammen, wo ihnen die Ordnung des Tages und was sonst noch zu wißen Noth thut, bekannt gemacht wird. Hierauf gehen sie abtheilungsweise zu den für diesen Tag bestimmten, sie treffenden Uebungen ab.

Auf dem Tie nimmt übrigens jede Abtheilung und Riege gewisse, nur für sie bestimmte und bezeichnete Bänke ein; eben so ist gut, wenn bei großen Aufstellungen auf der Rennbahn auch der Platz für jede Riege vorher bezeichnet ist, weil sonst bei einer großen Menge Verwirrung und Zeitverluste unvermeidlich sind.

Der Wechsel der Übungen in der Turnschule, so wie das Ende derselben wird ebenfalls durch die Klapper (Glocke rc.) angegeben. Nach dem letzten Rufe oder Zeichen, doch erst nachdem die Vorturner die Fertigkeiten, so wie die Fehlenden in ihr Buch eingetragen haben, versammeln sich die Turner wieder auf dem Tie, wo nun Turnrast eintritt, in welcher, nach gehörigem Ausruhen, Abkühlen und Broteßen Waßer gereicht wird. Brot bringt sich jeder selber mit, oder es muß beim Turnwächter auf dem Platze selbst käuflich zu haben sein.*) Waßer wird auf den Turnplatz geschafft, oder beßer auf ihm geschöpft. Das Verlaßen des Platzes ist nur in dringenden Fällen, nie aber um Lebensmittel willen zu dulden.

*) Man hüte sich einem solchen Wächter im Geringsten den Verkauf von etwas Anderem als Brot nachzugeben, weil damit dem weiter greifenden Wucher, der sinnlichen Lust und — dem Verderb traulich gleicher Sitte Thür und Thor geöffnet wird.

Hiernach beginnt die Turnkür, in der sich Jeder seine Beschäftigung selbst wählt und diejenigen Übungen treibt, die ihm am Meisten zusagen oder in denen er sich vorzugsweise noch schwach fühlt. Lehrer und Vorturner sind aber auch in dieser Zeit in voller Thätigkeit, um die Ordnung zu erhalten, bald diesen bald jenen, manchmal auch ganze Riegen zu unterweisen, so wie zu verhindern, daß Anfänger Übungen treiben, denen sie noch nicht gewachsen sind. Was diesen erlaubt ist, wird im Folgenden noch näher bestimmt werden.

Während dieser freiwilligen Beschäftigung (Turnkür) hat der Lehrer die beste Gelegenheit, sich unbemerkt von dem Selbsttriebe eines Jeden, so wie von den Neigungen, Anlagen, Bestrebungen und Fortschritten des Einzelnen anschaulich zu überzeugen. Zugleich ist die Zeit der Turnkür auch am Besten dazu geeignet, diejenigen Übungen, welche in die gewöhnliche Turnschule nicht aufgenommen werden können, besonders mit den älteren Turnern und Vorturnern durchzunehmen, überhaupt aber die letzteren in ihrer Ausbildung zu fördern. Außerdem aber gehören in diese Zeit sämmtliche Massenübungen, wie alle Turnspiele, die theils regelmäßig vom Turnlehrer angeordnet werden, theils der Willkür überlaßen bleiben. Auch zum Spielen müßen manche Knaben getrieben werden, die theils aus Vereinzelungs- und Absonderungstriebe, theils aus Schlaffheit, Scheu und Geschämigkeit nicht spielen, weit lieber turnen mögen; weshalb mitunter der Lehrer bestimmen muß, daß „heute" eine oder mehrere Abtheilungen Ball treiben, Andere Barlaufen, noch andere Schwarzen Mann spielen u. s. w.

2. Turnweise.

Die zweckmäßigste Art und Weise, die Übungen mit einer größeren Anzahl Turner zu betreiben, ist, wenn man so viel gleich große Abtheilungen (nach Alter und Kraft) einrichtet, als Hauptübungen auf dem Turnplatze gleichzeitig vorgenommen werden können, und nun der Reihe nach von jeder Abtheilung diese Übungen nach einander (nach ihrem Kreislaufe) durchmachen läßt. Bei dieser Einrichtung werden alle Gerüste zu gleicher Zeit besetzt und man bedarf deshalb deren weniger, als wenn man die Eintheilung nach andern Rücksichten träfe. Man hat ferner bei der Bestimmung der Übungen, die an Einem Tage getrieben werden sollen, darauf zu sehen, daß dieselben aus zwei Hauptübungen bestehen, die sich in ihrer Wirkung so ergänzen, daß wenn durch die eine mehr die oberen Glieder in Anspruch genommen werden, die andere dagegen wieder mehr auf die unteren wirkt. Eine jede dieser Hauptübungen wird in der Regel $\frac{3}{4}$ Stunden betrieben, so daß die ganze Turnschule $1\frac{1}{2}$ Stunde währt.

Die Zusammenstellung der Übungen kann man auf mancherlei Weise machen. Eine solche, die sich durch eine Reihe von Jahren als zweckmäßig bewährt hat, ist folgende:

Erster Turntag: Freispringen hoch und Barren.

Zweiter Turntag: Bockspringen (für die Geübteren auch Schwingen) und Klettern, Stemmen und Hangeln.

Dritter Turntag: Weit- und Tiefsprung frei (auch Dreisprung und Laufsprung) und Klimmen, Ziehen, Entern und Hangeln. Letzteres ist die einzige Übung, welche zweimal im Kreislaufe der Übungen vorkommt, theils wegen ihrer Wichtigkeit, theils um diejenigen, deren Arme durch die schwereren Kletterübungen schon ermattet sind, noch beschäftigen zu können. Hier neben dem Klimmen hat sie noch die Bestimmung, Kleine und Schwache, welche zu jenem noch nicht reif sind, großentheils und angemeßen zu beschäftigen.

Vierter Turntag: Stabsprung weit und tief (die Unfähigen haben Freispringen hoch oder Seilübungen) und — Recken.

Fünfter Turntag: Stabspringen hoch (die Unfähigen Freispringen oder Stabspringen weit) und — Schweben und Ziehen am Nackziehseil, Stab und Tau.

Sechster Tag: Sturmsprung und Sturmlauf und Seilübungen und Ringen mit seinen Vorübungen als Zieh-, Schiebe-, Hinkkampf, Griffabgewinnen, Knikken mit halbem und ganzem Griff, Ringen mit halbem Griff, Festhalten am Boden und Aufkommen.

Diese Hauptübungen werden also in sechs Turntagen durchgemacht, gleichviel ob die Turnerzahl aus einer oder zwölf Abtheilungen besteht. Zur Unterstützung der äußeren Ordnung, so wie überhaupt zur Unterweisung, da doch selbst auf größeren Turnplätzen nur wenige eigentliche Turnlehrer vorhanden sein können, dienen die Vorturner der Abtheilungen. Sie sollen wo möglich die fertigsten, vorzüglich aber die verständigsten und anstelligsten Turner sein, welche das Zutrauen ihrer Mitturner genießen und mit dem Gange des Unterrichtes, so wie den Hülfen bei den einzelnen Übungen wohl bekannt sind. Deshalb dürfen sie auch nicht zu schwach sein.

Jede Riege erhält ihren Anmann, welcher die Übung anhebt, vormacht und die Ordnung handhabt. Da jedoch der Anmann nur gleichalterig mit den Mitturnern seiner Riege ist, so ist es gut wenn für die Abtheilungen der Kleinen noch stellvertretende Vorturner oder erwachsenere Anmänner ernannt werden. Der **Vorturner** leitet am besten keine eigene Riege, damit er die Aufsicht um so genauer führen, das Ganze überblicken und anstoßen kann, wo es stockt. Es versteht sich, daß für die weitere Ausbildung der **Vorturner**, eben so der **Anmänner**, welche in der Turnschule doch gewöhnlich nur Übungen vorzumachen haben, die sie schon können, durch besondere Stunden oder während der Turnkür gesorgt werden muß. Findet sich im Sommer dazu nur selten Zeit, so muß es vorzugsweise im Winter geschehen. Hat man Vorturner und Anmänner genug und ist die Zahl der Turner für die Einrichtung nicht zu groß, so thut man wohl, in eine Riege nicht mehr als 10 — 12 Turner zu nehmen; schlimmsten Falls aber kann die Zahl bis auf 15 gesteigert werden. Die Eintheilung der gesammten Turnerschaar ist schon im ersten Abschnitte ausgeführt und dort auch nachgewiesen worden, wie man aus derselben die Anzahl und Größe der nöthigen Turngeräthe berechnet.

Bei der obigen Eintheilung der Übungen ist auf manchen Tag so viel gekommen, daß es schwer werden möchte, die bestimmten Übungen in der vorgeschriebenen Zeit durchzumachen; so daß nichts übrig bleibt, als an dem einen Tage die eine Übung gründlich durchzunehmen und die andere nur anzufangen, um sie bei der Wiederkehr des Tages und der Übung zu vollenden und jene nur flüchtig zu wiederholen.*) Manche Übungen, wie z. B. Rundlauf, Streckschaukel und Werfübungen, die mehr der Turnkür vorbehalten bleiben müßen, wurden deshalb ganz ausgelaßen. Dasselbe gilt vom Schwingen, welches

*) Siehe bei „Unterrichtsgang" siebenten Turntag.

eigentlich mehr als Winterübung zu betrachten ist und während der Turnschule nur von den Geübtesten getrieben werden darf, die im Bockspringen (am Bock) schon ganz sicher sind. Auf die Turnkür und theilweise selbst auf die Zeit nach derselben (Abends) sind außerdem alle Spiele und Laufübungen verschoben oder verwiesen. Zu den letzteren müßen oft ganze Abtheilungen und mitunter die ganze Turnerschaar vereinigt werden, je nachdem die Art des Laufes (Schlängellauf, Wunderkreislauf, Reigen) es zuläßt, damit alle gleichmäßig geübt werden und der Lehrer eine Übersicht und Vergleichung der Lauffertigkeit aller, sowohl was Schnelle als was Dauer betrifft, erhalten kann. Die Spiele, welche längere Zeit erfordern um zu Ende gebracht zu werden, wie Jagd und Ritter und Bürger, muß man über die Zeit der Turnkür hinaus dehnen oder ihnen, wenn man sie überhaupt nicht in der Nähe des Turnplatzes vornehmen kann, eigene Tage (Nachmittage) bestimmen.

Zur Erhaltung der äußeren Ordnung wie Zeitersparung sind folgende Einrichtungen durchaus nöthig:

1. Auf dem Tie werden die Turngesetze aufgehängt, außerdem eine schwarze Tafel für Anschläge (über Gefundenes 2c.) und Bekanntmachungen, so wie eine Übersicht des Wechsels oder Kreislaufes der Übungen, woraus jeder Vorturner und Turner ersehen kann, welche Übungen für ihn an der Reihe sind. Doch schadet es nicht, wenn der Lehrer auch seinerseits noch jedesmal die Übungen, um Irrthümer und Verwirrungen vorzubeugen, namhaft macht.

2. Die Stufentafeln für die einzelnen Übungen werden auf jedem Übungsplatze aufgehängt.

3. Jede Abtheilung erhält auf dem Tie ihre besonderen

Bänke*), so wie auf der Rennbahn ihren eigenen stäten Standort, wodurch es allein möglich wird, die Aufstellung zu Massenübungen mit Leichtigkeit und Schnelligkeit zu bewirken.

4. Alles bewegliche Turngeräth, als Springstäbe, Springschnüre und =Beutel, Sprungbretter u. s. w., muß vor Beginn der Übungen schon auf seinem Platze und wohl geordnet sein und am Schluße jedes Turntages wieder in den Schuppen gebracht werden. Da die Kräfte eines Mannes (des Aufsehers oder Turnwächters) dazu nicht ausreichen, so müßen dazu durch den Vorturner jedesmalige Besorger ernannt und außerdem Gestelle (Ricke oder Micken) errichtet werden, an denen Springstäbe und Gere (auf ihren Übungsplätzen) ihre Stelle finden.

5. Die Eintheilung der Turner geschieht, besonders wenn die Menge derselben bedeutend ist, am besten immer nach den Jahren und der Größe, so daß alle in Einem Jahre Geborenen in dieselbe Abtheilung kommen, wobei sich von selbst versteht, daß man hiebei darauf Rücksicht nehmen muß, einmal daß die, welche längere Zeit mit einander bekannt, nicht unnöthiger Weise getrennt werden, sodann daß je nach zurückgebliebener oder vorgeschrittener Kraft der Eine und der Andere einer nächst höheren oder niederen Altersabtheilung zugetheilt werde.

6. Ist die Turnerzahl nicht groß oder hat der Lehrer an durchgebildeten Vorturnern bereits Unterstützung, so läßt er beim Beginne der Turnzeit sämmtliche Turner oder wenigstens die neuen, anmunden oder niederlaßen und frei=hochspringen,

---

*) Bänke sind zur Rast nöthig, weil das Lagern auf dem, namentlich im Herbste oft feuchten Rasen nach der Aufregung und Erhitzung nicht taugt.

wobei natürlich ganz regelrechter Sprung noch nicht gefordert werden kann, durch welche Übungsprobe er aber schon ein ziemlich richtiges Bild von Anlage und Kraftentwickelung eines Jeden erlangt und auf diese Fertigkeiten bei der Eintheilung Rücksicht nehmen kann.

7. Die Reihenfolge in jeder Riege, da eine solche in der Turnschule nothwendig Statt finden muß, wird am Einfachsten nach der Fertigkeit im Hochsprunge, weil man diese am Schnellsten übersehen kann, bestimmt: der Anmann ist jedoch jedesmal der Erste, wenn er auch nicht gerade der beste Springer ist; nur im Springen selbst muß er alsdann, wenn mehrere Unterabtheilungen gebildet werden, mit den gleich hochspringenden zusammenüben.

8. Die Anfänger dürfen während der Turnkür allein nur die einfachsten gefahrlosesten Übungen vornehmen, als: Freispringen hoch und weit, Schwebegang,*) Hangeln und Ziehklimmen am Reck, Handeln und Anmunden am Barren — keinen eigentlichen Auf-, Über- und Umschwung, — Klettern am Tau und Knotentau, an der Stange und Strickleiter, alle Reifen- und Seilübungen. Wollen sie sich in den schwereren Übungen weiter bringen, so müßen sie dazu die Aufsicht, Hülfe und Unterweisung eines älteren Turners oder Vorturners in Anspruch nehmen.

9. Wer als Anfänger frei gesprochen, d. h. von jener Beschränkung entbunden und als Geübter betrachtet sein, d. h. die Übungen der zweiten Stufe beginnen will, muß sich vorher einer Prüfung unterwerfen, die aber nur vom Lehrer, nicht

*) An einem Schwebebaum, dessen Höhestand nicht mehr als 2 Fuß beträgt.

vom Vorturner ausgehen kann. Bei derselben muß er Fertigkeit und Sicherheit in allen Hauptübungen der ersten Stufe beurkunden. Da aber nicht alle Übungen durchgenommen werden können, so ist die leichte Ausführung folgender als Maßstab für die übrigen Leistungen anzusehen:

a. Alle Gelenkübungen.

b. Laufen: 300 Fuß in 20 Sekunden.

c. Springvorübungen: 30 mal den Doppelschlag, 10 mal den Hinkschlag, 100 Fuß weit Sitzhocken, 10 mal Springhocken.

d. Freispringen: hüfthoch; anderthalb Leibeslängen weit und 6 Fuß tief, bei 5 Fuß Abstand.

e. Stabspringen: über Brusthoch ($\frac{3}{4}$ der Leibeshöhe) und $2\frac{1}{2}$ Leibeslängen weit.

f. Bockspringen (am Schwingbock) bis zur Höhe der Achselhöle.

g. Schweben: Schwebegang ab- und aufwärts und Vor- und Rückbiegen in der Kampfstellung.

h. Klettern: 10 Fuß hoch an der 3 zolligen Stange, dem Tau und der Strickleiter. *)

i. Klimmen: 4 Sproßen mit gebogenen Armen.

k. Barren: Hüpfen, 2 mal Anmunden, Handeln, Kehre, Wende, Sitzwechsel zur Kehre und Wende mit beiden Beinen und Zwischenschwung, Wippen, Überschlagen aus dem Hange.

l. Recken: Ziehklimmen im Seithang 2 mal, Überrutschen im Seitsitz auf beiden Schenkeln, Ziehklimmen im Querhang bis zum Anschultern, Wellaufschwung, Hangeln im Unterarmhang, Kniehang.

*) d. h. mit den Füßen 10 Fuß von der Erde.

m. Schwingen: diese Übung, schwieriger als die übrigen und da sie auf dem Turnplatze von Anfängern selten oder nie, sondern nur als Winterübung getrieben wird, kommt hier eigentlich nicht in Betracht; soll indeß bei anderer Gelegenheit eine Prüfung über erlangte Fertigkeit in demselben abgehalten werden, so sind für die erste Stufe als maßgebend zu betrachten: von der Seite 1stes Aufsitzen, Wippen, 4tes Aufsitzen, Wende, Affensprung, Kniesprung, Hocke, Grätsche; von hinten Wippe, aufs Kreuz, Wende und Kehraufsitzen, Katzensprung aufs Kreuz, Längen- und Riesensprung 4 Fuß weit.

n. Außerdem ist besonders auf Sicherheit in der Fahrt über die Rahe des kleinen Zweibaumes zu sehen.

10. Jeder Vorturner (bei größeren Massen auch der Anmann) erhält ein kleines Buch, in welchem das Namenverzeichniß seiner Abtheilung oder Riege, (nach Schulen und nach dem ABC) zweimal enthalten ist, einmal zur Aufzeichnung der fehlenden, sodann zur Eintragung der Fertigkeiten. Dies letztere geschieht wo möglich dreimal in jedem Halbjahre, am Anfange, zur Mitte und am Ende. Hauptsächlich sind einzutragen: „Größe und Schnelle des Laufes bei 300 Fuß langen Rennbahnen, vom Springen der Hochsprung im Hüpfen und mit Anlauf, der Weitsprung, Stabweitsprung, Bocksprung (am Schwingbock), Ziehklimmen, Anmunden und Heben am Kraftmeßer. Außerdem befinden sich noch einige schmale Spalten auf demselben Blatte, in welche die Stufe, auf der der Turner sich in allen Hauptübungen befindet, eingetragen werden kann. Die leeren Blätter, welche das Buch außerdem noch enthalten muß, sind dazu bestimmt ausgezeichnete Leistungen Einzelner aufzunehmen, z. B. besonders hohe und weite Sturm-

sprünge, Stab- und Freihochsprünge aus großer Entfernung, Bocksprünge und Riesensprünge am Schwingel mit starker Abrückung des Brettes, und seltenen Leistungen am Barren, am Reck, im Klettern, Schwingen u. s. w. Das erste Blatt des Buches bleibt zu Bemerkungen des Lehrers bestimmt, dem die Bücher am Schluße jedes Turntages übergeben werden, damit er Unregelmäßigkeiten erkennen und neue Einrichtungen vorbereiten kann.

3. Unterrichtsgang.

Auch hier, wie bisher, haben wir vorzugsweise einen größeren Turnplatz im Auge. Die Leitung einer kleinen Anzahl von Turnern ist bei Weitem leichter und einfacher und jeder Lehrer wird die hier aufgestellten Regeln leicht auf eine solche kleinere Turnerschaar anwenden können.

Jeder Turnlehrer, dem gleich eine größere Anzahl von Turnschülern zugewiesen wird, muß vor Allem und sobald als möglich die gewandtesten und anstelligsten aus seinen älteren Turnern aussuchen und diese in besonderen Stunden zu Vorturnern und Anmännern, wenn auch nur in den einfachsten Übungen so wie Hülfeleistungen auszubilden bemüht sein, die Hauptmasse aber während des durch Gelenk- und Vorübungen, einfache Geh-, Marsch- (Reigen-), Lauf-, Spring-, Schwebe- und Seilübungen, vorzüglich aber durch die größeren Laufübungen und Turnspiele (letztere auf dem Platze und außerhalb desselben) beschäftigen. Gehen darüber auch mehrere Monate hin, so ist dies dennoch ein Gewinn, denn die Masse wird in und durch Vorübungen (deren Einübung außerdem leicht vernachläßigt wird) sicher, durch die Laufübungen und Spiele gewandt und gewöhnt sich an Ordnung, während die Vorturner ebenfalls gründlich vorbereitet werden und die Führung der Riege bei den einfachen Übungen leicht lernen. Fängt man dagegen an, gleich, ohne tüchtige Vorturner zu haben, mit Allen alle Übungen vorzunehmen, so ist unausbleibliche Folge davon ein ungeregeltes Treiben, ein Versuchen von Dingen, die dem Anfänger jedenfalls noch zu schwer sind und, wenn man auch keine Unfälle zu beklagen hat, doch bei den Gewandteren, die gerne sogleich Alles versuchen, ein Widerwille gegen die Grundübungen, so wie bei allen gegen eine gleichmäßige, allseitige Ausbildung und jeden regelrechten Betrieb der Sache; die Nachtheile eines solchen Verfahrens würden aber in Jahren nicht zu tilgen sein. Hiermit soll auf keine Weise dem Wagemuthe, der, wie Jahn sehr richtig sagt, auf jedem Turnplatze heimisch sein muß, zu nahe getreten werden; denn dieser gerade, der rechte, der die Mutter großer Tugenden und Siege ist, wächst nur auf und aus jener sicher durchlaufenen Bahn der Ausbildung. Als allgemeine Vorschrift für jeden Turnlehrer, besonders aber für denjenigen, der selber Neuling in der Sache einen neuen Turnplatz übernimmt, gelte daher „Festhalten an strenger Turnschule" — allmähliges Fortschreiten vom Leichteren zum Schwereren, mit stäter Berücksichtigung der allgemeinen bildenden Frei- oder Vorübungen; häufiges Durcharbeiten der Masse durch die großen Läufe den Reigen, Ziehkämpfe am Tau und dergl. mehr; freie Bewegung der Einzelnen so wie der Massen in der Turnkür und in den Spielen. Das Ebenmaaß namentlich zwischen Spiel und Übung *) zu halten und im Spiele nicht spielerisch, in der

*) Wie es die K. Ministerialverfügung vom 7. Februar d. J. weise verlangt.

Übung nicht starr und steif zu sein, sondern die eine zur geistigen Kräftigung, das andere zur sittlichen Erhebung zu verarbeiten, bleibt freilich die Haupt-Aufgabe des Turnlehrers, der den ganzen vollen Menschen, nicht den Leib oder Kopf allein oder gar ein bloßes Buch vor sich hat. Wer überall nur drillen will und nur Bewegung in Reih' und Glied fordert, der hat nicht begriffen, was das Turnen soll, und wird die Jugend bald unjugendlich machen oder ihr zum Mindesten die Lust an der Sache verleiden, die die vielfältig sonst Unlustigen und Unmuthigen jugendlicheren Regungen und reineren Entschlüßen wieder zuführen soll und kann. Wer dagegen nichts von sicherer sauberer Übung, von unverbrüchlicher Ordnung, wie sie aus der Sache selbst einfach hervorgeht, wißen mag, gelangt auf anderem Wege zu demselben falschen und traurigen Erfolge: unter ihm verwildern leicht die Gemüther oder es entsteht ein einseitiges Beharren bei vereinzelten Kunstleistungen, wodurch die beabsichtigte allseitig edle Durchbildung des Einzelnen in allen wesentlichen Übungen vereitelt, wie dort unter Pedanten das frische freudige Werk und Wesen erstickt, überall somit nicht die Rüstigkeit des Leibes und der Seele erreicht wird, welche das Vollergebniß einer in tüchtiger Leibesübung und froher Genoßenschaft verlebten Jugend sein sollte und könnte.

Doch nun zur beabsichtigten besonderen Anweisung für Lehrer, Vorturner und Anmänner!

Durch die in den Turntafeln *) festgesetzte Stufenfolge ist zwar im Allgemeinen der Unterrichtsgang vorgezeichnet, doch ist dem Lehrer dabei immer viel Spielraum gelaßen. Wer z. B. am Barren von den ersten schwachen Anfängern alle

*) Turntafeln von Ernst Eiselen. Berlin, Reimer 1837. fol.

Kraft- und dann alle Schwungübungen einer und derselben Stufe durchüben laßen wollte, würde im ersteren Falle sogleich ihre ganze Kraft, im zweiten ihre Geduld erschöpfen; weshalb überall eine zweckmäßige Auswahl getroffen werden muß, die sich nach Kraft und Alter der Schüler richtet. Eben so wenig ist es nöthig und rathsam alle für einen Tag vorgeschriebenen Übungen durchmachen zu laßen, wie z. B. alle Weit- oder Hochsprungarten; was an dem einen Tage zurückbleibt, muß bei der Wiederkehr derselben Übungen hervorgehoben werden.

Um bei diesen Andeutungen uns nicht allzusehr in's Allgemeine zu verlieren, wollen wir die eben angegebene Sommerordnung zur Richtschnur nehmen und daran unsere weiteren Bemerkungen anreihen. Die Gelenk- und Springvorübungen, die Schwebevorübungen und Stabübungen nehmen wir also als durchgenommen, wenn auch nicht vollständig durchgearbeitet an und vertheilen dieselben deshalb auf die sechs Übungsabtheilungen so, daß auf jeden Tag nur eine geringe Anzahl derselben kommt. Es hängt nun von der turnerischen Ausbildung der Riege ab, ob man dieselben nur zur leichten Anregung für das Spiel aller Muskeln und als kurze Wiederholung schnell durchnimmt oder zur tüchtigen Durcharbeitung längere Zeit darauf verwendet. Ohne allgemeine Vorübungen sollten auch die Tüchtigsten nie das Turnen beginnen oder den Turnplatz verlaßen; sie machen den besten Übergang zu den Übungen der Einzelnen und setzen oft Muskeln in Thätigkeit, die sonst wenig geübt werden.

Erster Turntag.

1. Schwingvorübungen: Zehenstand, Wippen, kleine Kniebeugung, Wechselschlag, Springschlag, Wechselschnellen, Springschnellen, Hüpfen, Doppelschlag, Doppelschnellen, Zehengang,

Wechselhüpfen, Laufhüpfen, Laufschlag, Laufschnellen, tiefe Kniebeugung, Sitzhocken. Nicht alle auf einmal, entweder die auf der Stelle oder die mit Fortbewegung mitunter gemischt; die schwereren für Anfänger ganz auszulaßen; für Kräftige dienen besonders Doppelschlag und Sitzhocken. Müßen die vorbereitenden Übungen zum Springen erst eingeübt werden, so kann man die Vorübungen auch ganz oder größtentheils weglaßen.

Freispringen hoch: zuerst werde das Hüpfen geübt, dann der Sprung mit einem abstoßenden Fuße und einem Schritt, anfangs über ganz geringe Höhen und mehr in die Weite, um das Seitwärtswerfen der Füße, Drehen des Leibes u. s. w. zu vermeiden; dann erst der Sprung mit drei Schritten und mit vollem, aber immer kurzem Anlaufe. Jeder Springart müßen die vorbereitenden Übungen so lange vorangeschickt werden, bis sie sicher gehen. Jeder Fuß werde gleichmäßig geübt, wie denn immer zweimal über dieselbe Höhe rechts und eben so oft links gesprungen wird, — erst wenn die Ungleichheit der Füße anfängt hervorzutreten, erlaube man wieder den beßeren zu gebrauchen und laße über jede Höhe nur einmal springen. Wer zweimal bei derselben Höhe anstößt, tritt ab oder zurück. Um die Springer möglichst lange zusammen zu beschäftigen, theile man sie nach ihrer Fertigkeit in 2 oder 3 Abtheilungen, so daß z. B. die 30 und 28 Z. hoch springenden die erste, die 26 und 24 Z. springenden die zweite und die von 22 und 20 Z. Sprunghöhe die dritte Abtheilung ausmachen. Jede Abtheilung fängt dann etwa 10—12 Z. unter ihrer wahrscheinlichen Sprunghöhe an. Oft laße man auch, durch Abrücken des Sprungbrettes, Weithochsprünge machen, wenn auch nicht immer bis zur größten Ausdehnung. Will man die Schwachen nicht lange müßig stehen laßen, so muß man öfter das Brett für sie näher rücken oder die Schnur tiefer legen.

2. Barren. Kinder, die sich nicht mit gestreckten Armen und frei aus den Schultern hervorragendem Kopfe an einem ihrer Brustbreite angemeßenen Barren im Stütz halten können, sind für die Barrenübungen noch nicht reif. Wie oben schon angedeutet wurde, muß man mit Kraft- und Schwungübungen häufig wechseln und nicht alle Übungen in einer Stunde ausschöpfen wollen. Man nehme z. B. in der ersten Stufe Stützhüpfen, Niederlaßen und Anmunden, die beiden ersten Sitzwechsel innerhalb des Barren, Heben, Handeln, vielleicht noch die beiden folgenden Sitzwechsel und Kurzwippen, nach einigen Stunden wieder mehrere neue Übungen und theile so die erste Stufe etwa in drei Abschschnitte Bei Anfängern, deren Arme leicht ermüden, laße man zwischen anstrengenderen Übungen oft Sitzwechsel innerhalb des Barren und Schwimmhang, so wie Überschlagen aus dem Hange machen. Ein Paar Hauptübungen, ohne deren leichte Ausführung man nie fest und sicher wird am Barren, müßen wo möglich in jeder Stunde vorkommen; dies sind von vorn herein Niederlaßen oder Anmunden und Wippen und später Kehren und Wenden. Ähnlich verfahre man in den folgenden Stufen.

Zweiter Turntag.

1. Vorübungen: Spreizen nach allen Richtungen (s. Gelenkübungen), Grätschen im Stande und Sprunge; das letztere von Anfängern nur mit Handgeben.

Bockspringen am Schwingbock. Nach dem Grätschen und Standsprunge immer nur Anlaufspringen mit 3 Schritten, aber beliebigem Fuße; erst bei den hohen Sprüngen längerer

Anlauf. Regelmäßiger Wechsel mit Sprüngen über die Breite und Länge des Bocks, anfangs jede Art, bei jeder Höhe, zweimal, später nur einmal; Rückwärtssprünge und Sprünge mit Abrückung des Brettes und Auflegung eines Kissens.

Schwingen für die Geübteren: ähnliche Eintheilung wie am Barren; z. B. zuerst bei den Seitensprüngen 1—5, 9, 14, 15, später 6—8, 10—13, 16, 17 und 19 und zuletzt die übrigen. Doch kann man auch allenfalls nach der Reihe gehen. Einige Sprünge, wie bei den Seitensprüngen erstes und viertes Aufsitzen, Wende, Hocke, Grätsche und bei den Hintersprüngen Wippe, Kehraufsitzen, Katzensprung und Längensprung müßen jede Stunde wiederkehren.

2. Klettern, Stemmen und Hangeln: zuerst Steigen auf der äußeren oder oberen Seite der Klimmleiter; dann Klettern am Knotentau und der Strickleiter, am Tau, der dünnen Kletterstange und dem Sproßentau. An die dicken Stangen und die Masten führe man die Geübteren und Kräftigen. Beim Stemmen auf der Leiter müßen die Schwachen unterstützt werden. An der Hangelleiter werden zuerst die Übungen ohne Schwung und mit gestreckten Armen durchgemacht.

Dritter Turntag.

1. Gelenkübungen: Zehenstand, Wippen, kleine und tiefe Kniebeugung, Wechselschlag, Wechselschnellen, Ausschnellen der Beine, Mühle wechselarmig vorwärts und rückwärts, Hochreichen, Seitenbiegen, Hochstrecken, Vor- und Rückbeugen. Muß noch viel Zeit auf die vorbereitenden Übungen zum Weitsprung verwendet werden, so sind die Vorübungen zu beschränken.

Freiweit- und Tiefsprung: zuerst Sprung von der Stelle mit geschloßenen Füßen, anfangs in Reihen auf der Fläche, dann einzeln über den Graben. Ist dieser nicht schmal genug für Anfänger, so springt man ebenfalls auf der Fläche und erweitert den Sprung durch immer entfernter gezogene Striche. Dann folgt der Sprung mit einem abstoßenden Fuße, zuerst mit einem Schritte und später mit drei Schritten, nachdem beiden Arten die vorbereitenden Übungen vorangegangen sind. Beide werden anfangs in Reihen auf der Fläche, dann einzeln über den Graben ausgeführt und abwechselnd mit dem rechten und linken Fuße gemacht; bei dem nun folgenden Sprunge mit Anlauf, der aber nie sehr weit sein darf, kann der abstoßende Fuß beliebig gewählt und gewechselt werden. Die Sprungweiten müßen vom Vorturner oder Anmann jedes Mal angegeben werden. — Den Drei- oder Laufsprung laße man nur dann eintreten, wenn schon einige Fertigkeit erlangt ist.

Der Tiefsprung wird nur einige Male mit beiden abstoßenden Füßen, dann aber immer nur mit einem Fuße (jedoch stets mit leichtem und sicherem Niedersprunge auf beiden geschloßenen Füßen ausgeführt. Wer den Niedersprung nicht ganz regelrecht ausführt, darf von keiner höheren Stufe springen. Man steige überhaupt langsam, laße von jeder Höhe wenigstens zweimal und die Geübteren lieber etwas mehr in die Weite springen. Auch hier muß die Riege bald in kleinere Abtheilungen gebracht werden, wie beim Hochsprunge, so daß die beßeren gleich höher anfangen können.

2. Klimmen, Ziehen, Entern nnd Hangeln. Wer noch nicht zweimal ziehklimmen kann, wird beschäftigt mit dem Heranziehen an die Leiter (mit feststehenden Füßen), dem langsamen Niederlaßen, dem Ziehklimmen durch den Sprung, dem Herabklimmen mit gebogenen Armen und endlich wirk-

lichem Ziehklimmen, wobei dem sehr schwachen eine starke Hülfe zu geben ist. Beim Klimmen sehe man auf gleichmäßige Ausbildung beider Arme. Das Ziehen auf der Leiter zuerst mit starker Hülfe. Das Entern auf und von der Stelle, auch mit den Füßen voran. Auch Klimmen am Enterbaum und Entertau. Beim Hangeln vergeße man auch das Hangeltau nicht, so wie das Überschlagen vom Ende der Leiter und sehe darauf, daß die heutigen Übungen die am vorigen Turntage vorgekommenen ergänzen.

Vierter Turntag.

1. Gelenkübungen: die noch nicht da gewesenen, als: Ausschnellen der Arme vorwärts und seitwärts, — Risthieb, Kammhieb und Hauen und Stoßen von den Geübteren, — Schulterprobe, Mühle gleicharmig vorwärts und rückwärts, Kreisbewegung des Oberleibes, Achselbewegungen, Kopfbewegungen, und Ausfall.

Stabspringen weit und tief: die vorbereitenden Übungen, als Stellung, Auslage, Gehen und Laufen in denselben, Ein- und Absetzen des Stabes, Sprung von der Stelle und mit drei Schritten, in Masse und einzeln zwischen zwei auf der Erde liegenden Stäben, bis zur Sicherheit und rechts wie links und über den Graben einzeln; dann mit beliebigem Fuße und mit Anlauf. Nur die fertigen Springer dürfen mit veränderter Haltung ohne Drehung springen. Beim Stabtiefsprunge laße man nie höher steigen, bis der Sprung von geringer Höhe ganz sicher geht und mit reiner Drehung. Anfänger unterstütze man an Arm und Stab. Der Sprung ohne Umdrehung und mit veränderter Haltung, mit Aufsetzen der Hand auf das Stabende ist nur für Geübte. Kinder, die zum Stabsprunge noch nicht Kraft genug haben, laße man frei hochspringen oder Seilübungen machen.

2. Recken: mit den Anfängern die Übungen der ersten Stufe der Reihe nach. Ermüden die Arme nach den ersten sechs Übungen zu sehr, so laße man das Überrutschen, Liegehang und Wellaufschwung eintreten. Bei einiger Fertigkeit laße man besonders Ziehklimmen im Seithang, Überrutschen auf beiden Schenkeln, Ziehklimmen im Querhange, Wellaufschwung, Hangeln im Unterarmhang und Kniehang üben. Bei den folgenden Stufen ist, wie am Barren, vorzüglich darauf zu sehen, daß eigentliche Kraftstücke immer mit solchen abwechseln, die mehr Beherrschung des Schwunges erfordern.

Fünfter Turntag.

1. Springvorübungen: theils Wiederholung der Übungen des ersten Tages, theils für die Geübteren Durchmachen der schwereren Übungen als Hüpfen, Doppelschlag und Doppelschnellen aus dem Sitzhocken und ohne Sitzhocken, aber von der Stelle; für Alle Hinken und für die Kräftigen Hinkschlag und Hinkschnellen.

Stabsprung hoch: wer die vorbereitenden Übungen nicht sicher macht, muß diese erst erlernen; wer ohne Hebung und gute Drehung springt, muß so lange über die mehr oder weniger niedergelaßene Schnur springen, bis er beide gut vollführt. Durch Eintheilung in kleine Abtheilungen und Niedriganfangen suche man jedem sein gehöriges Maß der Beschäftigung zu verschaffen. Zuerst Sprung mit drei Schritten und Erlernung des Stabzurücklaßens ohne Hochsprung. dann Sprung mit Anlauf. Immer mit beliebigem Fuße. Sichere Springer mögen auch mitunter mit umgekehrter Handstellung und ohne Drehung springen, oder den Stab über die Schnur mitnehmen. Die zum Stabsprunge noch unbefähigten Kinder übe man im Freiweitsprung, Laufsprung, Dreisprung, Heuschreckensprung, Springlauf und Abstoßwechsel.

2. Schweben: zuerst Schwebestand und Schwebegang auf der Fläche, so wie Kampfstellung und Kampfbewegungen von der ganzen Riege zugleich; dann auf dem Baume Schwebegang vor- und rückwärts, auch vom Zopfende anfangend, und Schwebekampf. Mitunter auch die anderen Schwebeübungen und Massenkampf auf dem Liegebaume.

Ziehen am Nackziehseile und auf allen Vieren; am Stabe, im Sitz, am Taue als Zweikampf, Dreikampf oder Massenkampf, wobei der Vorturner oder Führer der Abtheilung, wie zu dem auf dem Liegebaume, mehrere Riegen vereinigen kann.

Bei allen Wettübungen suche man die gleich Starken zusammen zu bringen, wechsle aber auch öfter, um die Stärksten und Schwächsten zu ermitteln und diese durch jene anzuregen.

Sechster Turntag.

1. Stabübungen und Strecken. Da die Stabübungen, wenn man nur die einfachen, d. h. Senken nach den Seiten mit gestreckten und nachgebenden Armen, Wende über den Kopf mit einem Arme und mit beiden gestreckten und gebogenen, machen läßt, rasch beendigt sind, so kann man auch noch die Streckübungen hinzufügen, oder, wenn die Zeit zu beschränkt sein sollte, mit beiden Übungsarten wechseln.

Sturmlauf: zuerst 3 oder 4 Schritt hinaufgehen und später laufen und richtig umkehrend eben so zurück; dann gewöhnlicher Sturmlauf, so hoch als möglich; zuletzt Stürmen mit Hülfe der Hände.

Sturmsprung: die vorbereitenden Übungen als Hinaufgehen und -Laufen mit 3 Schritten und eben so zurück, mit 2 Schritten und seitwärts abspringen oder übertreten, so wie das Hinüberspringen mit 2 Schritten werden ganz durchgenommen oder abgekürzt nach der Fertigkeit der Turner; der Sprung mit 2 Schritten und zuletzt mit einem, bei wechselnden Füßen, aber so lange als möglich durchgeführt; erst bei den höheren Stellungen und dem Sprunge über die Schnur (oder das Rohr) erlaube man die Wahl des Abstoßfußes. Das Hinauflaufen mit Hülfe der Hände fällt weg, wenn eine Sturmlaufbahn vorhanden ist. Je kleiner und ungeübter die Turner sind, desto mehr wähle man kurze Bretter, um den Sturmsprung zu erleichtern und die Scheu zu überwinden.

2. Übungen am langen Seile: Durchlaufen, Durchspringen beim hangenden und schwingenden Seile, Springen im Seile, Hinanlaufen und Zurückspringen und umgekehrt; für die Geübten einfacher und doppelter Kreislauf; zur Belebung Aller aber öfter Übungen zu zweien und dreien, und Durchlaufen und -Springen mit Abkommen oder Letzterwerden.

Übungen im halben Reifen und kurzen Seile: im Reifen das Hinüberschreiten und Hinüberspringen auf das Wort (Befehl), dann der Galopplauf rechts und links und der Trab, so wie das Hüpfen auf der Stelle; beim kurzen Seile fange man mit dem Hüpfen an und laße ihm Galopp, Trab, doppelten und gekreuzten Durchschlag 2c. folgen. Wer die Übungen im halben Reifen nicht sicher macht, darf das kurze Seil nicht in die Hand nehmen.

Ringen: als Vor- und Nebenübungen Ziehen Hand in Hand, Schieben Hand in Hand und Hände gegen die Schultern und Hinkkampf als Zwei=, Drei= und Vielkampf. Vorbereitende Übungen sind: das Knicken mit halbem und ganzem Griffe, das Abgewinnen des ganzen Griffes, das Festhalten an der Erde und das Aufkommen. Erst wenn alle diese Übungen mit Gewandtheit und Geschick ausgeführt werden, darf man das ganz freie Ringen vornehmen laßen, von dem Anfänger und Schwächliche ganz auszuschließen sind. Bei Zusammenstellung der Paare sehe man darauf, daß die Ringer an Größe, Schwere und Kraft ziemlich gleich sind; nur bei ausgebildeten Turnern darf man mitunter das entgegengesetzte Verfahren beobachten. Bei Anfängern im Ringen muß die Härte des Falles nicht nur durch den weichen Boden, sondern auch durch vorbeugende Hülfe des Lehrers oder Vorturners gemildert werden.

Da es nicht möglich ist, alle für den sechsten Tag angesetzten Übungen an einem Turntage auszuführen, so müßen einige für die Wiederkehr desselben aufgespart werden. Hat man aber eine Sturmlaufbahn und Rundlaufvorrichtung, so thut man weit beßer, alle Hauptübungen in 14 Abschnitte zu theilen und auf den

Siebenten Turntag

die Sturmsprung=, Langseil= und Rundlaufübungen zu verlegen. Bei diesen ist mit Strenge darauf zu achten, daß alle Übungen rechts und links gemacht werden. Zuerst verwende man allen Fleiß auf die Einübung eines geschickten Laufes mit einem gestreckten und beiden gebogenen Armen. Von den Hangübungen nehme man besonders die Hangwippe vor, die man noch beßer an der Streckschaukel oder am Ringschwebel, wenn diese vorhanden sind, ausführen läßt. Zu den Stützbungen gehe man nur langsam über.

Daß durch die Annahme von 14 Hauptübungen die Berechnung der nöthigen Turngeräthe etwas geändert und die Anzahl derselben theilweise geringer wird, leuchtet ein.

Sollte man fünfzehn oder sechzehn Abtheilungen bilden müßen, so bestimme man für den

achten Turntag

die Turnspiele und den Reigenlauf. Turnspiele, so wie alle nicht in die regelmäßige Turnschule anfgenommenen Übungen gehören außerdem in die Turnkür und in ihr müßen auch vom Lehrer oft Massenübungen angeordnet werden. Immer aber verwende er in ihr, wie überhaupt, vorzugsweise seine ganze Aufmerksamkeit auf richtige Anordnung und Leitung dieser Turnspiele und wir glauben nicht geeigneter als mit den schönen Worten Jahn's darüber schließen zu können: *)

„Zur Turnkunst gehören sehr wesentlich die Turnspiele. Sie schließen sich genau an die Turnübungen und bilden mit ihnen zusammen eine große Ringelkette. Ohne Turnspiele kann das Turnwesen nicht gedeihen, ohne Spielplatz ist ein Turnplatz gar nicht zu denken. Auch außerhalb der Schranken des Turnplatzes sollte von Rechtswegen jede Turnanstalt ein Turnfeld haben, wo Blache und Wirre mit einander abwechseln, wo Hain, Gebüsch, Gestäude, Dickicht und offene Räume anzutreffen, Laubholz und Tangelholz. In jeder Turnübung liegt eine Schule, obschon die freie Aneignung der Kraft hier bei Weitem größer ist als anderswo; in jedem echten Turnspiele regt sich eine Welt. So machen Turnspiele den Übergang zum größeren Volksleben und führen den Reigen der Jugend. In ihnen lebt ein geselliger freudiger, lebensfrischer Wettkampf. Hier paart sich Arbeit mit Lust und Ernst mit Jubel. Da lernt die Jugend von Klein auf gleiches Recht und Gesetz mit andern zu halten. Da hat sie Brauch, Sitte Ziem nnd Schick

*) Deutsche Turnkunst S. 169.

im lebendigen Anschaun vor Augen. Frühe mit seines Gleichen und unter seines Gleichen leben ist die Wiege der Größe für den Mann. Jeder Einling verirrt so leicht zur Selbstsucht, wozu den Gespielen die Gespielschaft nicht kommen läßt. Auch hat der Einling keinen Spiegel, sich in wahrer Gestalt zu erblicken, kein lebendiges Maß, seine Kraftmehrung zu meßen, keine Richterwage für seinen Eigenwerth, keine Schule für den Willen und keine Gelegenheit zu schnellem Entschluß und Thatkraft.

„Knaben und Jünglinge kennen ihre Gespielen, Gesellen, Gefährten und Gespanne sehr genau, nach allen ihren guten und schlimmen, schwachen und starken Seiten. Daher kommen die sogenannten Ekel-, Spitz- und Spottnamen in Schule, Feld und Welt. So ist das Zusammenleben der wähligen Jugend der beste Sittenrichter und Zuchtmeister. Ihr Witz ist ein fröhliches Treibjagen auf Mängel und Fehler. Die Gespielschaft ist der scharfsichtigste Wächter, dem nichts entgeht, ein unbestechlicher Richter, der keinen Nennwerth für voll nimmt. So erzieht sich die Jugend auf eigenem und geselligem Wege in kindlicher Gemeinde und lebt sich Will und Recht in's Herz hinein. Selbstling, Spielverderber oder nach dem Kinderreim „Spielverläufer — Katzenversäufer" mag auch die unverschämteste Range nicht heißen. Es giebt zur Größenlehre nur den gemeinen Pfad, keine vornehmen Wege.

„Von der zahlreichen Menge sogenannter Knaben-, Jugend und Gesellschaftsspiele *) können nur äußerst wenige Turnspiele heißen. Zuerst fallen alle S i t z s p i e l e sammt und sonders aus; ein Turnspiel will Bewegung, gemeinsames Regen und Tummeln auf dem Wettplan. Noch weit weniger ist von der Unzahl jener schon üblichen oder leider noch erdenklichen Spiele die Rede, die den Reiz zur schnöden Gewinnsucht nähren und, wenn das Glück einschlägt, etwas erkleckliches abwerfen. Ein Spiel sollte nie einen Erwerb geben. Turnspiel geht um Sieg und Gewinn, aber niemals um Gewinnst. Darum sind selbst

*) Mit Sinn vom seligen Gutsmuths gesammelt, auf's bloße Buchmachen hin und nicht ohne tieferen Nachtheil von Werner gemischt und gehäuft.

dem kleinsten Turner, auch außer der Turnzeit, niemals Marmel, Knippkügelchen (Schußer), Knopf- und Nadelspiele u. a. d. zu gestatten. Mit solchen Nichtswürdigkeiten fängt man an und mit seinem und anderer Leute Vermögen hört man auf. Die Sündfluth von Kinderschriften hat einen Schwall von ausgesonnenen Kinderspielen, die keinem kindlichen Kinde recht sind. Denn es gibt wahnbefangene Schriftleute, die schreiben läppisch für Kinder und albern für's Volk. Manche vortreffliche volksthümliche Spiele sind durch böse Zeitläufte und Ausländerei in Deutschen Landen aus dem Leben verschwunden. Ihre Namen, aber auch weiter nichts kennt man noch vom Hörensagen. Sie haben sich zugleich mit alten Volksfesten verloren. Die Jugend hat viel wieder gut zu machen und in der Folgezeit durch Turnkunst, fröhliche Reigen und Turnspiel die Volksfeste zeitgemäß zu beleben.

„Ein gutes Turnspiel muß

1. keine zu große und weitläuftige Vorrichtungen erfordern;
2. leicht erlernbar sein und doch regelfest in sich begründet;
3. nicht vom bloßen Zufall oder meist von ihm abhangen;
4. eine nicht zu kleine Anzahl von Spielern turngemäß beschäftigen;
5. nicht einen zu großen Raum bedürfen, der mit der kleinen Spielerzahl in keinem Verhältniß steht.
6. unter den Mitspielern keine müßigen Zuschauer brauchen;
7. bewirken, daß jeder sich gehörig rührt und keiner müßig feiert;
8. eine gleichmäßige Vertheilung von Last und Rast haben;
9. nicht einseitig und ohne Abwechselung im ewigen Einerlei bleiben;
10. um gut gespielt zu werden, eine große Gewandtheit und Geschicklichkeit der Mitspieler verlangen.
11. immer wieder mit neuem Eifer und reger Theilnahme gespielt werden können;
12. vor Allem aber dem jugendlichen Gemüthe behagen."

FSC
www.fsc.org
MIX
Papier | Fördert
gute Waldnutzung
FSC® C083411

Kolibri 360 GmbH
Ferdinand-Jühlke-Straße 7
99095 Erfurt, Deutschland
produktsicherheit@kolibri360.de